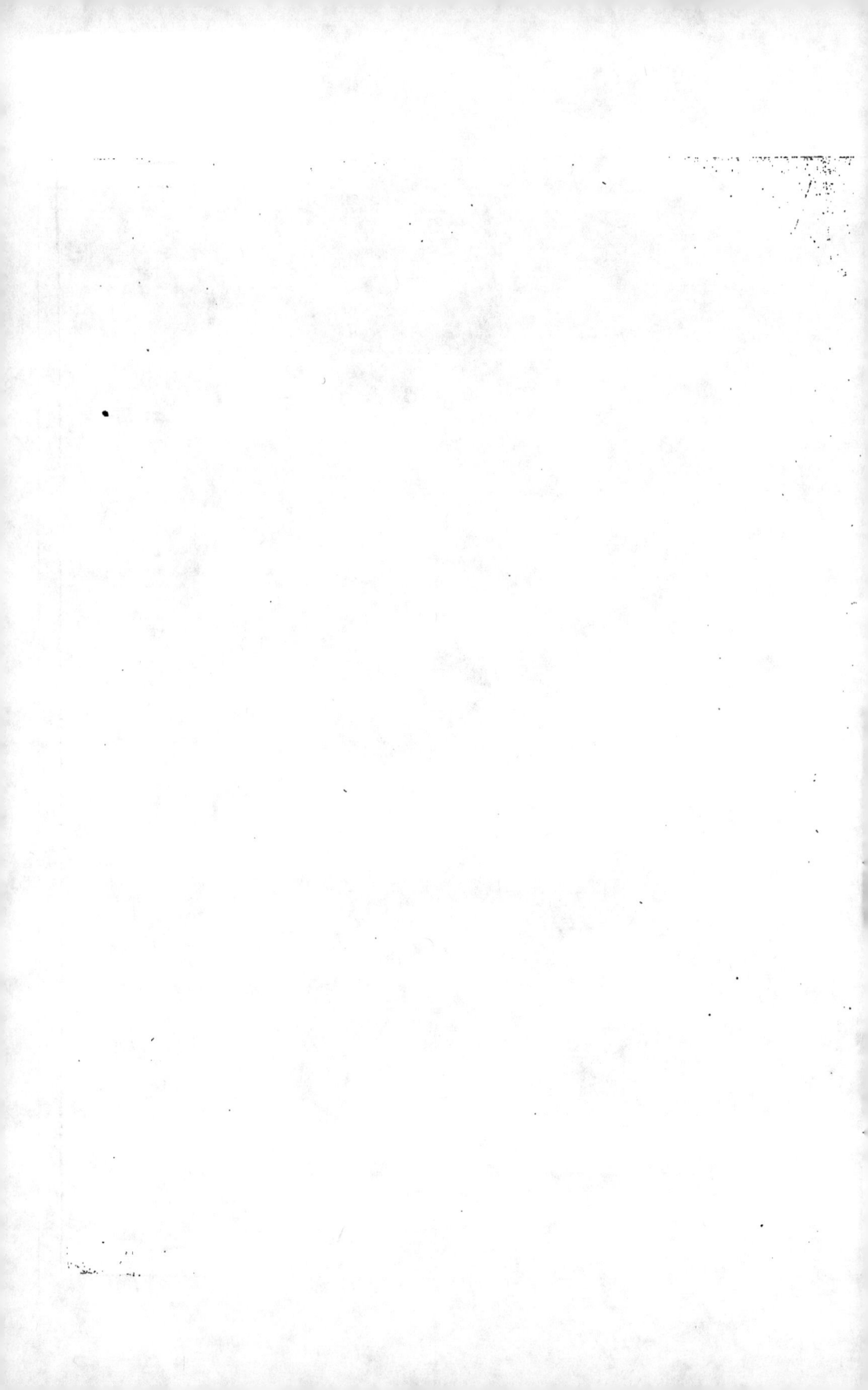

TABLEAU

DU LOGEMENT

DU QUARTIER GÉNÉRAL

DE L'ARMÉE

AUX ORDRES DE S. A S.

MGR LE PRINCE DE CONDÉ,

A SAINT-OMER 1788.

Se vend chez la Veuve FERTEL, Imprimeur, rue des Ursulines à Saint-Omer.

S. A. S. MGR LE PRINCE DE CONDE,
Commandant en Chef.

S. A. S. MGR LE DUC DE BOURBON,
Commandant la Cavalerie.

S. A. S. MGR LE DUC D'ENGHIEN,
Volontaire.

à l'Abbaye de S. Bertin.

MM.	Grade.	Chez	Ruea.
LIEUTENANS GENERAUX.			
Le Marquis de Langeron. .	Chef de Divifion.	*Abbaye de Blendecq.*	*à Blendecques.*
Le Prince de Robecq. . .	Comdt de Provinc.	*Me De Fruges.*	*du Commandant.*
Le Comte de Rochambeau. .	Comdt de Provinc.	*M. De St Sernin.*	*du Commandant*
Le Marquis de Vaubecourt .	Chef de Divifion.	*Me De Walle.*	*dans l'Enclos.*
Le Duc de Guines. . . .	Chef de Divifion.	*Château de Wifques.*	*à Wifques.*
MARECHAUX DE CAMP.			
Le Duc de Fitz-James. . .	Divifionnaire.	*M. l'Abbé Maffe,*	*dans l'Enclos.*
Le Cte de Choifeuil-Meufe.	Employé.	*A l'Abbaye*	*de St. Bertin.*
Le Comte de Cely. ; . .	Infpr Divifionnaire	*M. Marigna,*	*Petite-Place.*
Le Marquis de Lambert . .	Infpr Divifionnaire		*à Longueneffe.*
Le Comte de Cuftine . ; .	Infpr Divifionnaire	*M. Boubert,*	*à Blendecques.*
Le Marquis D'Avaray . .	Divifionnaire.	*M. Chatenay,*	*devant Ste. Aldeg.*
S. A. S. Mgr le Duc de Bourbon.	Comdt la Cavalerie	*A l'Abbaye*	*de St. Bertin.*
Le Comte de Chalup . . .	Infpr Divifionnaire	*M. l'Ab. d'Aumale,*	*dans l'Enclos.*
Le Duc D'Havré	Divifionnaire.	*M. Florimond,*	*de Ste. Croix.*
Le Chevalier de Virrieu . .	Employé.	*A l'Abbaye*	*de St. Bertin.*
Le Baron D'Arambures . .	Divifionnaire.	*M. Grand-Saing,*	*du Commandant.*
Le Duc de Laval	Infpr Divifionnaire	*Prévôté d'Arcques,*	*à Arcques.*
Le Comte de Guibert. . .	Infpr Divifionnaire	*M. Lorthioy,*	*à Wifques.*
Le Marquis de Livarot. . .	Divifionnaire.	*Cœur-Joyeux,*	*chemin d'Arcques.*
Le Comte du Cayla . . .	Divifionnaire.	*A l'Abbaye*	*de St. Bertin.*
Le Comte de la Grandville .	Divifionnaire.	*Hôtel De Harchies*	*du Quatre.*
Le Comte Mont-Defir . .	Divifionnaire.	*M. De Cournay.*	*du Commandant.*
Le Comte D'Harcourt. . .	Commiffe Général.	*M. De St. Pierre,*	*des Bouchers.*

MM.	Gradés.	Chez	Rues.

ETAT-MAJOR DE L'ARMÉE.

Le Bon de Grand-Pré, Lieut. Gal.	Maréch. Génal des Logis de l'Armée.	Au Refuge	de Clairmarais.

AIDES MARECH. GENER. DES LOGIS.

Collot.	1er Aide Maréc. Gal des Logis.	M. Duval,	de St. Bertin.
Dumas.	Colonel.	Mlle Balinghem,	du Commandant.
Chevalier de Grand-Pré . .	Major.	Au Refuge	de Clairmarais.
Bertier	Major.	Mlle Wallet.	du Commandant.
Comte de Lauberdiere. . .	Major.	M. Purgean,	de St. Bertin.
De Campagne.	Capitaine.	M. Cuvelier,	Litte-Rue basse.
Flechier	Adjoint.	Aux Apôtres,	Litte-Rue basse.
Capitaine.	Adjoint.	Au Refuge,	de Clairmarais.
Comte Boson de Talleyrand.	Colonel furnumér.	Mme Fayole,	Litte-Rue basse.

ETAT-MAJOR DE L'INFANTERIE.

Le Marquis de Sennevoy. .	Major-Général.	M. Fontaine,	de St. Bertin.

AIDES MARECH. GEN. DE L'INFANT.

Le Chevalier de Tarlé. . .	Aide Maj. Gal d'inf.	M. Poot, Prêtre,	de St. Bertin.
Le Vicomte de Riccé . . .	Colonel.	Mme Ve Boubert,	de St. Bertin.
Le Marquis Dubouchet . .	Lieutent.-Colonel.	M. De Wicques,	de St. Bertin.
Le Comte de Linck. . . .	Col. furnuméraire.	Mme Pagart,	du Commandant.
Le Vicomte Dogny . . .	Cap. furnuméraire.	Mlle Hémart,	du Commandant.
Le Vicomte de St. Belin . .	Cap. furnuméraire.	Mlles Legrand,	de St. Bertin.

MM.	Grades.	Chez	Ruea.
ETAT-MAJOR DE LA CAVALERIE.			
Le Baron de Fumel. . . .	Mal Gal des Logis de la Cavalerie.	M. Charles Debaral	de Ste Marguerite
AIDES MARECHAUX DES LOGIS DE LA CAVALERIE.			
Le Comte de Vanoife. . . .	1er Aide Mal Gal des Logis.	M. Thellier,	de Ste Marguerite.
De Malet.	Capitaine.	Mlle Croifil,	de Ste Marguerite.
Daramont.	Capitaine.	M. Legrand,	de Ste Marguerite.
GENIE.			du Commandant.
De Bellonet	Major.	M. Duholdy,	des Bleuets.
De Ternant	Lieutenant.	Pavillon des Ingén.	des Bleuets.
De Farconnet.	Lieutenant.	Idem,	
ARTILLERIE.			
De Voifin.	Colonel.	M. Thomaffin Fretin	Litte-Rue baffe.
Mauroy	Lieuten. Colonel.	M. Roland,	du Commandant.
Le Vicomte de Cologne . .	Capitaine.	M. Thomaffin,	Grand'Place.
Duchenoy	Lieutenant.	M. Cauche,	des Cuifniers.
Pont le Roy.	Lieutenant.	Mlles Bellin,	des Carmes.
Serpillon	Lieutenant.	Mme Ve Dufour.	des Salines.

MM.	Grades.	Chez	Rues.
PETIT ETAT-MAJOR.			
De la Fitte Caupenne . .	Lt. de Roide l'Arm.	*au Château,*	*Esplanade.*
Merlen	Fourrier Major.	M. Chrétien,	*du Mortier.*
Ricmaifnil.	2d Fourrier Major.	André Decroix.	*des Cuifiniers.*
CONNETABLIE.			
Des Bains.	Prévôt général.	M. De l'Equilerie.	*des Bouchers.*
Defchamps	Maréch. des Logis.	M. Lienard.	*des Bouchers.*
Jacquel	Brigadier.	M. Gherebaert.	*des Bouchers.*
Six Gardes			
PRÉVOTÉ.			
Landru	Lieutenant.	M. Bouret,	*Grand'Place.*
De la Bruyere	Lieutenant.	M. Huguet,	*Grand'Place.*
Quatre Brigades, de quatre Cavaliers chacune . . .			

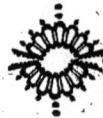

MM.	Grades.	Chez	Rues.
AIDES DE CAMP **DE S. A. S. Mgr LE PRINCE DE CONDÉ.**			
Le Chevalier Defranc. . .	Mal de Camp.	M. Trefcat,	de l'Ane Aveugle.
Delafcour	Mal de Camp.	à l'Abbaye	de St. Bertin.
Le Comdeur de Fitz-James. .	Mal de Camp.	M. Caron,	Cimetiere St. Jean.
Le Comte Derieux. . . .	Mal de Camp.	Mlle Cuvelier,	de St. Bertin.
Le Chevalier De Mintier. .	Colonel.	à l'Abbaye	de St. Bertin.
Le Marquis de Franc-Lieu. .	Colonel.	M. De Guémy,	de St. Bertin.
Le Vicomte de Canify . .	Colonel.	M. De Lauretan,	Litte-Rue baffe.
Le Prince de Mont-Bazon. .	Colonel.	M. Decroix.	Litte-Rue baffe.
Marquis de Baufet. . . .	Colonel.	M. Delattre,	Sur les Salines.
Comte de Vaudreuil . . .	Colonel.	Mme. Gœuffe,	des Capucins.
Chevalier D'Ampierre. . .	Lieut. Colonel.	M. De Renty,	du Mortier.
Comte D'Auteuil.	Capitaine.	à l'Abbaye	de St. Bertin.
De Sarobert.	Capitaine.	M. Sterkeman,	des Capucins.
De Rohrig	Capitaine	M. Delattre, l'aîné,	Tenne-Rue baffe.
Prince Talmont.	Capitaine.	M. Lemaire Bellerive	des Urfulines.
Comte de Chinon	Capitaine.	M. Courtil,	Litte-Rue haute.
De Bretagne.	Capitaine.		

MM.	Grades.	Chez	Rues.
Comte de Franc-Lieu.	Capitaine.	M. De Guémy,	de St. Bertin.
De Contie.	Capitaine.	M. Jof. Herbout.	des Salines.
Chevalier de la Salle	Capitaine.	M. Dufetel,	des Capucins.
Dufaillant.	Capitaine.	M. Paschal, Avocat,	des Capucins.
Chevalier de Franc-Lieu.	Lieutenant.	M. De Guémy,	de St. Bertin.
Comte de Courtebonne.	Sous-Lieutenant.	M. De Hofton,	du Commandant.

AIDES DE CAMP
DE S. A. S. MGR LE DUC DE BOURBON.

De Montforeau.	Mal de Camp.	M. Mayot,	des Capucins.
Le Comte De Roncherolle.	Colonel.	M. Cardevaque.	des Salines.
De Saint-Cloux.	Capitaine.	M. Senlecq,	du Commanda
Comte de Crès	Capitaine.	M. Deldicq,	des Pavés.
Le Chevalier De Belfunce	Capitaine.	M. Max. Herbout.	des Salines,
Chevalier d'Auteuil	Capitaine.	M. LegrandCaftelle	de St. Bertin.
Duruiffeau	Capitaine.	M. Taffin,	des Urfulines.

M M.	Grades.	Chez	Ruea.

ADMINISTRATION.

COMMISSAIRES DES GUERRES.

M M.	Grades.	Chez	Ruea.
Malus	Commiſſre Ordeur.	M.Lefebv.De Halle	Litte-Rue haute.
Blanchard.	Commiſſre Ordeur.	M. Pelet,	Litte-Rue haute.
Chevalier Du Tertre	Commiſſre Ordeur.	M. De Viſſery,	dans l'Enclos.
Boileau	Commiſſre Ordinre.	Chez lui,	Marché aux Veaux
Verron	Commiſſre Ordinre.	M. l'Abbé Capelle,	dans l'Enclos.
Cheſnel	Commiſſre Ordinre.	M. Devriere,	Litte-Rue haute.
Manchon	Commiſſre Ordinre.	M.l'Abbé Dourlen,	dans l'Enclos.
Bertrand.	Commiſſre Ordinre.	M. Becquet.	Litte-Rue haute.
De Briancourt	Commiſſre Ordinre.	M. De Peſtre,	du Lion Blanc.
Miot	Eleve Commiſſaire.	M. Pelet,	Litte-Rue haute.
De Sainte Reine	Eleve Commiſſaire.	M.Lefebv. DeHalle	Idem.
De Staplande	Eleve Commiſſaire.	M. l'Abbé Lemaire,	des Urſulines.

TRÉSOR.

Jeannot de Crochart	Tréſor.de l'Armée.	M. Legrand,	Petite-Place.

SUBSISTANCES.

VIVRES;

De Saint Mars	Inſpecteur Général.	M. Dupont,	de St. Bertin.
Duperrot.	Sous-Inſpecteur.		Idem.
Brogne de Saint Prix	Conſtructr de four.	M. Gombert,	des Urſulines.
Douze Employés.			

MM.	Grades.	Chez	Rues.
SERVICE DE SANTÉ.			
Coste	Premier Médecin.	M. Goddet,	de Ste Marguerite.
Le Brun.	Médecin Consult.	M. Dupuis,	de St Bertin.
Merlin.	Médecin ordinaire.	M. Pohier,	de St Bertin.
De la Rade	Médecin surnumte.	M. Lienard,	des Bas Quartiers
Gelet.	Chirurgien-Major.	M. André,	du Chevalier rouge
Tissot.	Chirurg. Major adj.	Mr. le Curé	de St Jean.
Martin.	Chirurg. Aide-Maj.	M. Hazembergue,	de St Bertin.
Dupuis	Chirurg. Aide-Maj.	M. Denis,	de St Bertin.
Neuf Éleves en Chirurgie.			
Parmentier.	Apothicaire-Major.	M. Damart,	des Capucins.
Buloy.	Apothic. Aide-Maj.	M. Carette,	Tenne-Rue basse.
Quatre Éleves en Pharmacie.			
ADMINISTRATEURS DES HOPITAUX.			
De Mars	Régisseur.	M. Decque,	Litte-Rue haute.
De Mallet.	Directeur.	Mles De la Couture	de St Bertin.
Salambier.	Sous-Directeur.	M. Moreau,	de St Bertin.
Trois Commis aux entrées. .			
Trois Commis aux évacuations.			
BOUCHERIES.			
Feligman	Entrepreneur.	M. Espiar.	du Brûle.
Mayer Levi	Entrepreneur.		Idem.
Un Employé.			
FOURRAGES ET BOIS.			
Dumas de St. Fulquerand . .	Insp. Fourrag. Bois.	M. Masse.	du Commandant.
Chatillon.	Entrepreneur.	M. Richebé.	des Salines.
Choquet	Entrepreneur.		Idem.
Deux Employés			

MM.	Grades.	Chez	Rues.
SUITE DU LOGEMENT.			
Le Comte de Puyſegur	Lieutenant Général	A l'Abbaye	de St Bertin.
Le Comte D'Eſthéraſy	Comdt de Province	M. De Bayenghem.	de St. Bertin.
Le Baron de Nédonchel	Maréchal de Camp.	La Ve Merlen.	Marché au Poiſſon
Le Marquis des Deux Ponts.	Maréchal de Camp.	M. Thelier.	de St. Sépulchre.
Le Comte Duruhault	Maréchal de Camp.	M. Carpentier.	des Carmes.
Torrebrune	Officier Napolitain.	Herman.	des Tanneurs.
Pariſi	Idem.	Neuville.	Idem.
Demeure	Idem.	Omer Valeuſe.	Idem.
Du Cheu	Idem.	Ve Cadart.	Idem.
Maſſa	Idem.	Danel l'aîné.	Idem.
Ribas	Idem.	Danel le jeune.	Idem.
Rouſſiere	Commiſſre Ordeur	M. De France.	Litte-Rue haute.
Gau	Commiſſre Ordinre	M. Lenglart.	Litte-Rue haute.
Charrin		M. Vaneechout.	Litte-Rue baſſe.
Nota.			
Le Duc de Guines	Loge en Ville.	à l'Evêché.	
Le Marquis de Lambert	Idem.	M. D'Omonville.	de St. Bertin.
De Guibert	Idem.	Mme Leſergeant.	Litte-Rue baſſe.

NOMS des Régimens qui compofent l'Armée, fuivant l'ordre de leur arrivée au Camp.

Aunis,
Vivarais,
Colonel-Général,
Provence,
Royal-des-Vaiffeaux,
Royal, *Dragon*,
Bourbon, *Idem*,
Picardie, *Chaffeurs*,

} *arrivés le 1er Septembre*. 8 *Régimens*

Salis-Samade, *Suiffe*,
Diesback, *Idem*,
La Couronne,
Royal-Auvergne,
Conty,
Berri, *Cavalerie*,

} *le 2 Septembre*. 6

Angoulême,
Boulonnois,
Armagnac,
Dillon, *Irlandois*,
Berwick, *Idem*,
Cuiraffiers,

} *le 3 Septembre*. 6

Condé,
Flandres,
Vintimille,
Gevaudan, *Chaffeurs*,
Royal-Champagne, *cavalerie*,

} *le 4 Septembre*. 5

La Reine, *Dragons*.
Penthievre, *Dragons*.
Chaffeurs des Evêchés,
Commiffaire-Général, *Cavalerie*,

} *le 5 Septembre*. 4

Six Compagnies d'Artillerie, & quarante huit piecès de Canons.

} *le 6 Septembre*.

29 *Régimens*

43

www.ingramcontent.com/pod-product-compliance
Lightning Source LLC
Chambersburg PA
CBHW060737280326
41933CB00013B/2681